WAS IST WAS

Fußball Quiz

SEHEN | HÖREN | MITMACHEN

Wissen
TESSLOFF

Anleitung

Auf der Vorderseite jedes Blatts stehen drei Fragen. Die zugehörigen Antworten findest du auf der Rückseite. Aber nicht zu schnell nachsehen, sondern erst einmal gut überlegen! Denn für jede richtige Antwort gibt es einen Punkt. Notiere die Anzahl der richtig gegebenen Antworten auf einem Blatt Papier. Denn je mehr Punkte, desto besser wirst du in der Auswertung auf der nächsten Seite abschneiden!

Auch zu mehreren könnt ihr euer Wissen testen: Stellt euch abwechselnd Fragen und zählt die Punkte bei richtigen Antworten auf einem Zettel zusammen. Wer am Ende die meisten Punkte sammeln konnte, hat gewonnen!

Punktewertung für Einzelspieler

1–30 Punkte: Einsteiger
Toll, wie viel du schon weißt! Einiges kannst du aber auch noch dazulernen!

31–60 Punkte: Könner
Super, wie viele Fragen du richtig beantworten konntest! Zum Experten ist es nicht mehr weit!

Mehr als 60 Punkte: Experte
Herzlichen Glückwunsch, du bist ja ein richtiger Profi! So schnell kann dir keiner was vormachen!

1 Wo entstand Fußball als Ballspiel in seiner heutigen Form – in Deutschland, Frankreich oder England?

2 Wer war 2013 Deutschlands „Fußballer des Jahres"?

3 Warum werden die Spieler vom FC Schalke 04 auch „die Knappen" genannt?

W0271303

1 In England, Mitte des 19. Jahrhunderts.

2 Bastian Schweinsteiger vom FC Bayern München.

3 Weil bei dem Verein aus dem Ruhrgebiet früher viele Bergleute mitspielten. Knappe ist eine Berufsbezeichnung für den Bergmann.

1 Aus wie vielen Personen besteht eine Fußballmannschaft – aus zehn, elf oder zwölf?

2 Wie lange dauert eine Halbzeit beim Fußball – 15, 45 oder 60 Minuten?

3 Unter welchem Spitznamen ist der Brasilianer Edson Arantes do Nascimento eher bekannt? (Tipp: Er gilt als bester Fußballer aller Zeiten.)

1 Aus elf Personen: zehn Feldspielern und dem Torwart.

2 45 Minuten.

3 Unter dem Spitznamen Pelé.

1 Was erfolgt zu Spielbeginn – der Anwurf oder der Anstoß?

2 Wo findet 2015 die Fußballweltmeisterschaft der Frauen statt?

3 Wie heißt die höchste Spielklasse in Deutschland – Landesliga, Bundesliga oder Europaliga?

1 Der Anstoß.

2 In Kanada.

3 Bundesliga.

1 Wie nennt man die Linie links beziehungsweise rechts neben dem Tor – Seitenlinie, Auslinie oder Torauslinie?

2 Wie heißt die Französische Nationalelf – „Équipe Tricolore“, „Équipe bleu-blanc“ oder „Équipe multicolore“?

3 In welchem Jahr startete die deutsche Fußballbundesliga – 1903, 1963 oder 1990?

?

1 Torauslinie.

2 Man nennt die Französische Fußballnationalmannschaft „Équipe Tricolore“ oder auch „Les Bleus“.

3 Am 24. August 1963. Sieger der ersten Bundesligasaison wurde der 1. FC Köln.

1 Ist Rempeln (Schulter gegen Schulter) während des Spiels erlaubt?

2 Welcher ist der wichtigste internationale Fußballwettbewerb?

3 Was gibt es bei schweren Regelverstößen im eigenen Strafraum – Siebenmeter, Neunmeter oder Elfmeter?

1 Faires Rempeln im Kampf um den Ball ist erlaubt.

2 Die Weltmeisterschaft. Sie findet alle vier Jahre statt.

3 Die gegnerische Mannschaft bekommt einen Elfmeter.

1 Wer wurde 2013 Europas Fußballspieler des Jahres?

2 Welche Mannschaft hat den Spitznamen „Der Ewige Zweite" – Borussia Mönchengladbach, Bayer 04 Leverkusen oder Eintracht Frankfurt?

3 Welcher Fußballer wurde bei der Weltmeisterschaft 2010 in Südafrika bester Torschütze?

?

1. Franck Ribéry vom FC Bayern München.

2. Bayer 04 Leverkusen. In der 1. Bundesliga sind die Leverkusener über einen zweiten Platz in der Schlußtabelle bei Saisonende bisher noch nie hinausgekommen.

3. Der deutsche Nationalspieler Thomas Müller wurde mit fünf Toren und drei Torvorlagen Torschützenkönig. Er wurde außerdem als Bester Junger Spieler ausgezeichnet.

1 Wie nennt man es, wenn ein Spieler, der einen Ball von einem Teamkollegen zugespielt bekommt, bei der Ballabgabe näher an der gegnerischen Torlinie steht als der Ball und der vorletzte Gegenspieler?

2 Welche Mannschaft stieg 1969 als amtierender Meister ab – Nürnberg, Dortmund oder Köln?

3 Wie nennt man das Zurückspielen des Balls zum eigenen Torwart – Rückspiel, Rücklauf oder Rückgabe?

1 Der Spieler befindet sich in Abseitsposition. Es gibt dann einen indirekten Freistoß für die gegnerische Mannschaft.

2 Der 1. FC Nürnberg. Seither haben die Nürnberger nie wieder eine deutsche Fußballmeisterschaft gewonnen.

3 Rückgabe.

1 Was ist Futsal?

2 Wo fand 1930 die erste Fußballweltmeisterschaft statt – in Italien, Frankreich oder Uruguay?

3 Nach wievielen Sekunden fiel bei einer Weltmeisterschaft das schnellste Tor – nach 11 Sekunden, 22 Sekunden oder 55 Sekunden?

?

1 Hierbei handelt es sich um eine bestimmte Art von Hallenfußball, bei der sich zwei Mannschaften mit jeweils vier Feldspielern und einem Torwart gegenüberstehen. Der Ball ist etwas kleiner und schwerer und es gibt zwei Halbzeiten zu je 20 Minuten.

2 In Uruguay.

3 Bei der Weltmeisterschaft 2002 erzielte Hakan Sükür bereits nach elf Sekunden ein Tor im Spiel Südkorea gegen Türkei.

1 Wie heißt die Meisterschaft, bei der die beste Vereinsmannschaft Südamerikas ermittelt wird – Copa Libertadores oder Copa América?

2 Wie viele europäische Wettbewerbe finden für Landesmeister, Pokalsieger und weitere qualifizierte Klubs jährlich statt – einer, zwei oder fünf?

3 Was versteht man unter einer sogenannten Fahrstuhlmannschaft?

1 Copa Libertadores.

2 Zwei: die UEFA Champions League und der UEFA-Pokal. Der UI-Cup wurde in der Saison 2008/2009 zum letzten Mal ausgetragen.

3 So nennt man im Bundesliga-Jargon eine Mannschaft, die ständig auf- und wieder absteigt.

1 Wie oft war Deutschland bis 2012 Fußballweltmeister? Ein-, drei- oder fünfmal?

2 Wann gab es das erste Regelwerk des Fußballspiels – 1763, 1863 oder 1963?

3 Welcher Verein der ehemaligen DDR gewann 1974 den Europapokal der Pokalsieger – der 1. FC Magdeburg, F.C. Hansa Rostock oder SG Dynamo Dresden?

1 Dreimal: 1954, 1974 und 1990.

2 1863. Die Regeln wurden bei der Gründungsversammlung des englischen Fußballverbandes festgelegt.

3 Der 1. FC Magdeburg. Es war der größte internationale Erfolg für eine Vereinsmannschaft aus der Deutschen Demokratischen Republik (DDR).

1 Wie viele Mitglieder waren im Jahr 2012 beim Deutschen Fußball-Bund gemeldet – über 60 000, 600 000 oder 6 Millionen?

2 Wie heißt der offizielle Spielball für die WM 2014? „Tango“, „Brazuca“ oder „+Teamgeist“?

3 Wonach ist Hertha BSC benannt – nach einer Berliner Kneipe oder nach einem Ausflugsdampfer?

1 Über 6,8 Millionen Mitglieder.

2 „Brazuca“ wurde von adidas entwickelt und ist der offizielle Spielball der WM 2014.

3 Der 1892 gegründete Verein ist nach einem Ausflugsdampfer namens „Hertha“ benannt.

1 Wie heißt der Hamburger Traditionsverein, dessen Fans beim Spiel gern Piratenfahnen schwenken?

2 Wer war während der Weltmeisterschaft 2010 Trainer der Schweizer Nationalmannschaft?

3 Wer war der Gegner Englands beim ersten Länderspiel der Fußballgeschichte – Frankreich, Schottland oder Deutschland?

1 FC St. Pauli.

2 Ottmar Hitzfeld. Er trainiert die Schweizer Elf seit 2008.

3 Schottland. Das Spiel fand 1872 in Glasgow statt.

1 Wann führte der englische Fußballverband das heutige System mit einem Schiedsrichter („referee") und zwei Assistenten ein – 1889, 1902 oder 1963?

2 Wie heißt das Maskottchen der Fußballweltmeisterschaft 2014? – Zuzeco, Fuleco oder Amijubi?

3 Wie lautet die Bezeichnung für eine Woche mit drei Spielen – spanische, italienische oder englische Woche?

1 1889. Bis dahin wurde das Spiel von zwei „umpires" geleitet. Die Oberaufsicht führte ein „referee“, der aber nicht direkt in das Spiel eingriff.

2 Das Maskottchen ist ein Kugel-Gürteltier und heißt Fuleco.

3 Englische Woche. Die Spiele finden zum Beispiel Samstag – Mittwoch – Samstag statt. Dieser Spielmodus wurde zuerst in der englischen Liga eingeführt.

1 Wie hieß die Gründerin des ersten Fußballklubs für Frauen – Fanny Football oder Nettie Honeyball?

2 Wie viele Spieler einer Mannschaft dürfen pro Pflichtspiel ausgewechselt werden – zwei, drei oder fünf?

3 Wie viele Profivereine gibt es derzeit in der 1. Fußballbundesliga – 18, 19 oder 20?

1 Nettie Honeyball. Sie gründete 1894 den Klub „British Ladies‘ Football Club“.

2 Drei.

3 18.

1 Wie lange dauert die Halbzeitpause bei einem Fußballspiel – 10, 15 oder 30 Minuten?

2 Trugen Frauen in der Anfangszeit des Frauenfußballs beim Spielen Hosen oder Röcke?

3 Wofür steht die Abkürzung „DFB“ – „Damenfußballbund“, „Deutscher Fußballverband“ oder „Deutscher Fußball-Bund“?

1 15 Minuten.

2 Auf dem Fußballplatz trugen Frauen meistens Hosen. Ende des 19. Jahrhunderts war das ziemlich ungewöhnlich. Fußball galt als „unweiblich" und Frauenmannschaften stießen auf viel Kritik.

3 „Deutscher Fußball-Bund".

1 Wo wurde der Weltfußballverband FIFA gegründet – in London, Sheffield oder Paris?

2 Wie lang darf ein Fußballfeld sein – zwischen 4 und 50, 90 und 120 oder 100 und 150 Metern?

3 Wie viele Spieltage gibt es derzeit in der Bundesliga – 17, 34 oder 42?

?

1 1904 in Paris.

2 Zwischen 90 und 120 Metern.

3 34 – mit jeweils neun Spielen.

1 Welcher Torwart wurde zum besten Torhüter der Fußballweltmeisterschaft 2010 gewählt?

2 Wie oft findet die Europameisterschaft statt – alle zwei oder alle vier Jahre?

3 Wie viel Abstand zum Ball müssen die Gegenspieler beim Eckstoß halten – keinen, 9,15 Meter oder 11,3 Meter?

1 Der spanische Nationalspieler Iker Casillas. Aufgrund seiner Leistung wurde er außerdem in den Jahren 2008 bis 2012 zum Welttorhüter des Jahres gewählt.

2 Alle vier Jahre – immer zwei Jahre nach der letzten Weltmeisterschaft. Auch Weltmeisterschaften werden alle vier Jahre ausgetragen.

3 9,15 Meter.

1 Wofür steht die Abkürzung „VfL"?

2 Seit wann sind Tornetze im Fußball vorgeschrieben – seit 1890, 1902 oder 1912?

3 In welchem Jahr wurde die deutsche Frauen-Nationalmannschaft zum achten Mal Europameister – 1987, 1993 oder 2013?

1 „Verein für Leibesübungen“.

2 Seit 1890.

3 Im Jahr 2013.

1 Ist der Ballumfang beim Fußball festgelegt?

2 Mit welcher Sportart ist Fußball verwandt – Cricket, Baseball oder Rugby?

3 Müssen die Tormaße in offiziellen Spielen zentimetergenau stimmen?

1 Ja. Bei den Männern muss der Ball nach den Regeln der FIFA einen Umfang zwischen 68 und 70 Zentimetern haben.

2 Rugby ist aus dem Fußballspiel entstanden, wird jedoch mit der Hand gespielt.

3 Ja. Sind die Maße falsch, kann es zu einem Wiederholungsspiel kommen.

1. Wird ein Eigentor für die gegnerische Mannschaft als Tor gewertet?
2. Wann ist ein Tor gültig?
3. Wer schoss den Siegelfmeter im UEFA-Champions-League-Finale 2012 – David Luiz, Arjen Robben oder Didier Drogba?

1 Ja.

2 Wenn der Ball die Torlinie in vollem Umfang überquert hat.

3 Didier Drogba für den Chelsea FC.

1 In welchem Jahr wurde Fußball zu einer olympischen Disziplin – 1896, 1904 oder 1908?

2 Von wem wird der Schiedsrichter unterstützt – von den Linienmännern oder den Assistenten?

3 Welche Mannschaft hat nach einem Torerfolg Anstoß?

1 Im Jahr 1908.

2 Von den beiden Schiedsrichterassistenten (Linienrichtern).

3 Die Mannschaft, die den Treffer kassiert hat.

1 Was ist das Hauptziel defensiven Spiels – den Gegner anzugreifen oder gegnerische Tore zu verhindern?

2 Was sind die Folgen einer Gelb-Roten Karte für den Spieler – Platzverweis, Freistoß oder Sperre für das nächste Spiel?

3 Wie nennt man es, wenn man den Ball im Laufen mit kurzen Stößen vor sich hertreibt – Dipping, Dribbling oder Walking?

?

1 Tore des Gegners zu verhindern.

2 Platzverweis für das laufende und Sperre für das nächste Spiel.

3 Dribbling (englisch „to dribble“ = tröpfeln, hier: den Ball „tröpfchenweise“ vortragen).

1 Für welchen Verein bestritt Franz Beckenbauer 1982 sein letztes Bundesligaspiel – für den FC Bayern München, den TSV 1860 München oder den Hamburger SV?

2 Mit welcher Partie des Fußes spielt man einen Kurzpass – mit der Spitze, der Innenseite oder dem Vollspann?

3 Wo wurde 1900 in Deutschland der DFB als nationaler Fußballverband gegründet – in München, Hamburg oder Leipzig?

?

1 Für den Hamburger SV. Dort spielte Beckenbauer nach seiner Rückkehr aus den USA.

2 In der Regel mit der Innenseite. So sind sehr zielgenaue Schüsse möglich.

3 Der Deutsche Fußball-Bund wurde am 28. Januar 1900 in Leipzig gegründet.

1 Wie hieß das erste grundlegende Spielsystem im Fußball – Passpyramide, Weltmeisterschafts-System oder 4-3-3-System?

2 Welche Karte zeigt der Schiedsrichter bei Verstößen, die zum Platzverweis führen?

3 Welche Art der Verteidigung wird heute von den meisten Mannschaften bevorzugt – die Manndeckung, die Raumdeckung oder eine Kombination aus Mann- und Raumdeckung?

?

1 Passpyramide: Man spielte mit zwei Verteidigern, drei Läufern und fünf Stürmern. Dieses Spielsystem heißt auch „klassisches System“.

2 Die Rote Karte.

3 Eine Kombination aus Mann- und Raumdeckung.

1 Wie schwer darf ein Fußball sein – bis 250, 450 oder 950 Gramm?

2 Welchen Titel erhält die Mannschaft, die nach 34 Spieltagen in der 1. Fußballbundesliga an der Tabellenspitze steht?

3 Wie heißt die 2. Stufe des deutschen Ligasystems – 2. Bundesliga, Regionalliga oder Landesliga?

1 Er darf laut FIFA zwischen 410 und 450 Gramm wiegen.

2 Deutscher Meister.

3 2. Bundesliga.

1 Welcher Fußballtrainer bezeichnete die Spieler des FC Bayern München als „schwach wie eine Flasche leer" – Giovanni Trapattoni, Nevio Scala oder Felix Magath?

2 Wie viele Mannschaften nehmen an der Hauptrunde des DFB-Pokals teil – 28, 36 oder 64?

3 Wer war der erste Deutsche Meister – der FC Bayern München, der Altonaer FC oder der VfB Leipzig?

1 Giovanni Trapattoni.

2 64. Die 36 Profivereine der 1. und 2. Bundesliga sowie 28 qualifizierte Amateurvereine.

3 Der VfB Leipzig 1903. Er gewann das Endspiel um die Deutsche Meisterschaft mit 7:2 gegen den Deutschen Fußballclub Prag.

1 Welcher deutsche Verein wurde als erster zweimal nacheinander Deutscher Meister – der VfB Leipzig, der FC Bayern München oder der 1. FC Nürnberg?

2 Wonach ist Arminia Bielefeld benannt – nach einer Biersorte oder nach einem germanischen Helden?

3 Wer spielt seit dem Start der Bundesliga 1963 bis heute in der ersten Liga – der Hamburger SV, der 1. FC Nürnberg oder der 1. FC Köln?

1 Der 1. FC Nürnberg, 1920 und 1921.

2 Nach dem Germanenfürsten Arminius, der 9 nach Christus in der Schlacht beim Teutoburger Wald die Römer besiegte.

3 Der Hamburger SV.

1 Wer wurde zwischen 2009 und 2012 viermal in Folge zum Weltfußballer des Jahres gewählt – Cristiano Ronaldo, Fernando Torres oder Lionel Messi?

2 Haben Fußballspieler in der 1. Bundesliga schon immer so viel Geld verdient wie heute?

3 Wer ist amtierender deutscher Rekordmeister – der 1. FC Nürnberg, der FC Bayern München oder Bayer 04 Leverkusen?

1 Der Argentinier Lionel Messi.

2 Nein. 1963 durften sie maximal 1 200 Deutsche Mark (circa 600 Euro) im Monat verdienen, erst zehn Jahre später wurden die Gehälter freigegeben.

3 Zwischen 1969 und 2013 erlangte der FC Bayern München 23 Meistertitel.

1 Wie viele Punkte gibt es für einen Sieg im Fußball – einen, zwei oder drei?

2 Gewann die Mannschaft der DDR 1976 die Weltmeisterschaft, die Europameisterschaft oder das Olympische Fußballturnier?

3 Welcher Spieler wechselte 2009 für die Rekordsumme von ca. 94 Millionen Euro von Manchester United zu Real Madrid? – Falcao, Cristiano Ronaldo oder Kaká?

?

1 Seit 1995/96 gibt es die Drei-Punkte-Regel, das heißt für einen Sieg werden drei Punkte gutgeschrieben, für ein Unentschieden gibt es einen Punkt.

2 Das Olympische Fußballturnier in Montreal.

3 Cristiano Ronaldo.

1 Seit wann sind Frauen vom DFB zum offiziellen Spielbetrieb zugelassen – seit 1960, 1970 oder 1980?

2 Welches Tier ist das Maskottchen des 1. FC Köln – ein Schaf, ein Ferkel oder ein Geißbock?

3 Welchen Pokalwettbewerb ersetzte die UEFA Champions League 1992/93 – den Europapokal der Landesmeister, den Europapokal der Pokalsieger oder den UEFA-Cup?

1 Seit 1970.

2 Ein Geißbock namens Hennes.

3 Den Europapokal der Landesmeister.

1 Welche spanische Mannschaft gewann fünfmal hintereinander den Europapokal der Landesmeister – der FC Barcelona, der FC Valencia oder Real Madrid?

2 Welcher Fußballspieler trug den Spitznamen „Bomber der Nation"?

3 Gegen welches Land siegte die deutsche Mannschaft und gewann damit den ersten Weltmeisterschaftstitel – gegen England, Italien oder Ungarn?

1 Real Madrid, von 1956 bis 1960.

2 Gerd Müller. Er ist Deutschlands erfolgreichster Torschütze.

3 Deutschland besiegte Ungarn 1954 in der Schweiz mit 3:2.

1 Wer schoss als Erster bei einer Europameisterschaft ein „Golden Goal“ – Lukas Podolski, Rudi Völler oder Oliver Bierhoff?

2 Wie nennt man eine Ballabgabe zum Mitspieler quer zur Torrichtung über das Spielfeld – Torpass, Querpass oder Spielpass?

3 Bei wie vielen Länderspielen stand Lothar Matthäus auf dem Platz – bei 100, 130 oder 150?

1 Oliver Bierhoff 1996 beim Finale gegen Tschechien.

2 Querpass.

3 Bei 150 Länderspielen. Er ist damit deutscher Rekordnationalspieler.

1 Wer schoss bei der Weltmeisterschaft 2006 in Deutschland das erste Tor?

2 Ist der Fußball bei Spielen der Frauen genauso groß wie bei Spielen der Männermannschaften?

3 Was gibt es, wenn die angreifende Mannschaft den Ball über die Torauslinie spielt – Eckstoß oder Abstoß?

1 Philipp Lahm in der sechsten Minute des Eröffnungsspiels der deutschen Mannschaft gegen Costa Rica.

2 Nein. Der Ball bei Spielen der Frauen und der Jugend hat einen Umfang zwischen 62 und 66 Zentimetern, bei Spielen der Männer zwischen 68 und 70 Zentimetern.

3 Abstoß.

1 Wie nennt man den Geldbetrag, den ein Verein einem anderen zahlt, wenn er einen Spieler unter Vertrag nehmen möchte – Spielersumme oder Ablösesumme?

2 Was ist ein Hattrick?

3 Wie hoch war die bisher größte Torausbeute in einem Fußball-Länderspiel – 13:0, 17:0 oder 31:0?

1 Ablösesumme.

2 Wenn ein und derselbe Spieler in einer Halbzeit nacheinander drei Tore schießt, ohne dass dazwischen ein anderer Spieler trifft.

3 31:0. So hoch gewann Australien in der Weltmeisterschaftsqualifikation 2001 gegen Amerikanisch-Samoa.

1 Für welche Mannschaft spielte Jürgen Klinsmann nie – für die Tottenham Hotspurs, den VfB Stuttgart oder den AS Rom?

2 Was passierte beim Champions-League-Spiel zwischen Real Madrid und Borussia Dortmund am 1. April 1998 – die Eckfahne knickte ab, das Tor fiel um oder der Ball platzte?

3 Wie nennt man ein vorgetäuschtes Foul – Amsel, Schwalbe oder Star?

1 Für den AS Rom.

2 Das Tor fiel um. Das Spiel konnte erst 76 Minuten später angepfiffen werden.

3 Schwalbe.

1 Welche Mannschaft nennt man wegen ihrer roten Trikots auch „Rote Teufel" – die Schalker, die Bremer oder die Lauterer?

2 Welchen Endstand hatte der höchste Sieg einer deutschen Nationalmannschaft in einem Länderspiel – 8:0, 10:0 oder 16:0?

3 Wie nennt man einen Schuss, bei dem der Ball gleichzeitig mit dem Aufsetzen auf den Boden geschossen wird – Dribbling, Drehkick oder Dropkick?

1 Die Spieler vom 1. FC Kaiserslautern.

2 16:0 gegen die russische Mannschaft bei der Olympiade 1912 in Stockholm.

3 Dropkick (englisch „to drop" = tropfen, hier: den Ball herabfallen lassen).

1 Wann fand die erste Frauen-Weltmeisterschaft statt – 1960, 1985 oder 1991?

2 Wie lautet die englische Bezeichnung für Torhüter – Goalman, Goalgetter oder Goalkeeper?

3 Wird Abseits immer mit Freistoß für die gegnerische Mannschaft geahndet?

?

1 1991 in China. Die Mannschaft der USA gewann.

2 Goalkeeper.

3 Nein, nur dann, wenn der Spieler aktiv ins Geschehen eingreift oder sich durch die Abseitsstellung einen Vorteil verschafft.

1 Wie nennt man den waagerechten Torbalken – Pfosten, Querbalken oder Latte?

2 Wie heißt der älteste europäische Pokalwettbewerb, den es mittlerweile allerdings nicht mehr gibt: Champions League, Europapokal oder Mitropa-Cup?

3 Wie wird der Europäische Fußballverband abgekürzt?

1 Latte.

2 Mitropa-Cup. Er wurde zwischen 1927 und 1992 von mitteleuropäischen Mannschaften gespielt.

3 UEFA (französisch = Union des Associations Européennes de Football).

1 Gegen welches Land trat die deutsche Nationalmannschaft bis 2012 am häufigsten an – Italien, Frankreich oder die Schweiz?

2 Wie wird die alle vier Jahre ausgetragene Fußballweltmeisterschaft international bezeichnet – als World-Soccer oder als World-Cup?

3 Ist ein Tor, das durch einen indirekten Freistoß erzielt wurde, gültig, wenn der Ball direkt im Tor landet?

1 Gegen die Schweiz. Bis einschließlich 2012 fanden 51 Spiele zwischen den beiden Ländern statt.

2 Als World-Cup.

3 Nein. Es wäre nur dann gültig, wenn nach dem Freistoßschützen noch ein zweiter Spieler den Ball berührt hätte.